AF224685

PLAN

D'une Impoſition générale, uniforme, & proportionnée à la fortune connue, ſoit territoriale, ſoit induſtrielle, des Particuliers ;

Lu à la Société des Amis de la Conſtitution, établie à Tours, & affiliée à celle des Jacobins à Paris, par HUBERT-VINCENT-DE-PAUL BOURGUIN, *Profeſſeur émérite de Philoſophie.*

A TOURS,

DE L'IMPRIMERIE

DES AMIS DE LA CONSTITUTION.

1790.

49.

PLAN

D'UNE IMPOSITION GÉNÉRALE, uniforme, & proportionnée à la fortune connue, soit territoriale, soit industrielle des Particuliers ; lu à la Société des Amis de la Constitution, établie à Tours, & affiliée à celle des Jacobins, à Paris ; par HUBERT-VINCENT-DE-PAUL BOURGUIN, *Professeur émérite de Philosophie.*

L'Assemblée Nationale ayant décrété dans la fameuse Séance du 17 Juin 1789, que tous les impôts, tels qu'ils étoient perçus, étoient illégaux ; mais qu'ils continueroient à être payés, jusqu'à ce qu'il en eût été autrement ordonné ; ayant reconnu par l'art. 13 de la déclaration des droits de l'homme, que la contribution pour l'entretien de la force publique doit être également répartie entre tous les Citoyens, en raison de leurs facultés ; elle a fait espérer que tous les impôts sur les consommations, ainsi que tous les octrois des villes, seront absolument supprimés.

Y a-t-il, en effet, un seul de ces impôts qui soit

également réparti ? y en a-t-il un feul qui foit en raifon des facultés de ceux qui le paient ? ceux qui ne boivent point de vin, & ceux qui en boivent très-peu, quelque riches qu'ils foient, ne paient point, ou paient très-peu des droits d'aides ; tandis que l'homme de peine à qui le vin, ou quelqu'autre boiffon forte, eft peut-être abfolument néceffaire, quelque pauvre qu'il foit, paie infiniment au-deffus de fes facultés.

L'Affemblée Nationale, par la fageffe de fes Décrets, vient de faire de tous les François un peuple de freres, & de la France entiere une feule grande maifon paternelle; il n'y a plus de diftinction entre toutes les provinces, il n'y a même plus de provinces; delà toutes les barrieres qui les féparoient autrefois, doivent être tranfportées aux frontiéres ; pourquoi n'en feroit-il pas de même de celles des villes ? Lorfque des freres fe vifitent dans la maifon paternelle, y a-t-il à chaque porte de leurs chambres refpectives, des gardes pour fouiller dans leurs poches : cette idée feule eft baffe & révoltante. On veut que la France foit libre; mais elle ne le fera jamais ; tant qu'il y aura des droits fur les confommations. Que l'on voye, s'il eft poffible, fans indignation, l'emblême infultant, mais bien expreffif, que les fermiers ont fait mettre à la Barriere-Mouftard ; c'eft une tête de lion qui tient enchainé l'écu de France ; les chaînes énormes qui cou-

pent cet écuſſon par deux tranſverſales, & qui for‑
ment ſur ſon diſque un nœud affreux, en terniſſent
tout l'éclat. Les François ont déjà ſecoué une partie
de leurs chaînes : le bruit qu'elles ont fait en tombant,
a étonné l'univers, & glacé d'effroi les tyrans ; celles du
fiſc ſont-elles donc les moins humiliantes & les plus lé‑
geres ? On parque les hommes comme de vils ani‑
maux, ce n'eſt pas pour les engraiſſer ou les défen‑
dre, c'eſt au contraire, pour dévorer une partie de
leur ſubſiſtance, & les tenir comme en priſon.

C'eſt dans l'eſpoir que l'Aſſemblée Nationale
proſcrira tous ces impôts indirects, dont nos
Gardes Nationales peuvent à peine, en expoſant leur
vie, protéger efficacement la perception, que je vais
propoſer un plan d'impoſition ; j'en expoſerai la mar‑
che en peu de mots, après avoir répondu aux ob‑
jections que ne manquent pas de préſenter, ſous toutes
leurs faces, les partiſans du ſiſtême actuel des finances.

La premiere raiſon que l'on préſente en faveur
des impôts ſur les conſommations ; c'eſt qu'ils ſont
le ſeul moyen de faire contribuer aux charges de
l'Etat tous les étrangers qui, attirés par la douceur
de nos mœurs, la température de notre climat, la
variété de nos plaiſirs, l'éclat de nos fêtes, viennent
ſe fixer quelque temps parmi nous. S'il n'y a point
d'impôts ſur les conſommations, nous dit-on, c ;
étrangers qui viennent participer à tous les avantages

de l'Etat, ne contribueront aucunement à fes charges?

Tout le monde fent qu'il y auroit une infinité de bonnes raifons, & même très-politiques, à oppofer à cette objection : je n'y répondrai que par cette demande : pour faire contribuer cent mille étrangers à nos charges, eft-il jufte d'écrafer fous le joug du fifc, vingt-quatre millions de Citoyens, qui, payant en outre des impôts directs, feront, par cela même, plus maltraités que les étrangers ? Il faudroit donc que l'on trouvât le moyen de faire payer aux étrangers feuls ces impôts indirects, & c'eft, je crois, ce qu'il eft impoffible de trouver.

Si l'on vouloit faire contribuer les étrangers à nos charges, il y auroit un moyen fort fimple : lorfqu'un étranger entrera en France, qu'on le faffe paroître devant la municipalité du lieu ; alors on lui dira : l'Etat va protéger votre perfonne & vos biens ; vous devez, en conféquence, contribuer, comme tous les Citoyens, à l'entretien de la force publique, en raifon de vos facultés : combien de tems voulez-vous refter parmi nous ? Enfuite, pour empêcher les exactions, on fera tenu de lui montrer le taux de l'impofition des Citoyens de fa claffe, & la loi. Il n'y a aucun homme de bon fens qui fe refufe à des propofitions auffi juftes & auffi honnêtes. S'il paie, on lui délivrera une quittance ; s'il ne veut pas payer, il ne pourra lui être accordé aucun féjour dans aucun endroit, ni aucune protection dans le befoin. Je penfe néanmoins qu'il feroit bien plus digne de la générofité Françoife, de ne rien exiger des étrangers, à moins qu'ils ne fiffent un long féjour parmi nous.

La feconde raifon que l'on objecte : c'eft que par le moyen des impofitions fur les confomma-tions, on tire, par exemple, d'un malheureux con-ducteur de fiacre, & cela fans qu'il s'en apperçoive, environ quarante écus fur le vin qu'il boit ; tandis qu'on auroit bien de la peine à en avoir un, d'im-pofition directe.

J'avoue, de bonne foi, que l'humanité révoltée de pareilles raifons, laiffe à peine affez de fang froid pour y répondre. Ainfi donc, les apologiftes du fifc ne craignent pas de rendre les hommes malheureux : toute leur crainte eft qu'ils ne s'apperçoivent des caufes de leur mifere.

On dit encore que les impofitions fur les con-fommations, offrent le feul moyen de faire contribuer les capitaliftes, dont toute la fortune, renfermée dans des porte-feuilles, eft inconnue du public.

Cette objection eft peut-être la plus fpécieufe ; je fens toute la difficulté de faire payer cette claffe d'hommes, la plûpart égoïftes, & vampyres plutôt que Citoyens ; mais atteint-on le but qu'on fe propofe ? les impôts indirects y conduifent-ils ? je ne le crois pas.

Il faudroit, 1.º, pouvoir ne faire porter ces impôts

que fur les feuls capitaliftes;car il eft de là derniere injuf-
tice d'y affujettir encore ceux qui paient des impôts directs en raifon de leur fortune connue ; ou bien , il faudroit n'admettre que des impôts fur les confommations,
qui , d'après les principes aujourd'hui reconnus , font
effenciellement injufte s. 2°. Il faudroit pouvoir forcer
les capitaliftes à confommer en raifon de leur fortune ;
& c'eft , je crois , ce qu'il eft impoffible de faire.
Mais je fuppofe que ces impôts n'aient rien d'injufte ,
& que par ce moyen , on faffe exactement contribuer
les capitaliftes , en raifon de leur fortune ; je ne crains
point d'avancer , que les frais immenfes , qu'occa-
fionne la perception des droits fur les confommations,
font cent fois plus confidérables , que ce que l'on reti-
reroit de contribution fur les confommations des feuls
capitaliftes.

Enfin , & c'eft-là la grande raifon des partifans des
impôts indirects. S'il n'y a point d'impôts fur les confommations , il faudra recourir à l'arbitraire , pour
impofer tous les capitaliftes , les négocians , les mar-
chands , & généralement tous ceux qui , ne vivant
que de leur travail & de leur induftrie , n'ont aucune
propriété. Y a-t-il rien , nous dit-on , de fi dangereux que cet arbitraire ?

Je conviens , qu'en général , l'arbitraire eft dangereux ;
mais ce qui n'eft que dangereux , n'eft pas néceffaire-
ment injufte , & l'impôt indirect l'eft effenciellement. Or,

je le demande : y a-t-il à balancer entre ce qui n'eſt que dangereux, & ce qui eſt injuſte de ſa nature ? D'ailleurs, l'arbitraire n'eſt véritablement dangereux, que quand il ne dépend que d'un ſeul homme ; mais lorſqu'il eſt le réſultat de l'eſtimation commune de tous ceux qui nous environnent, & avec leſquels nous vivons , il forme alors une probabilité ſi forte , que, dans le moral, elle équivaut à la certitude, & qu'elle ne peut être détruite que par une véritable démonſtra-tion du contraire. J'ajouterai que l'arbitraire étant le ſeul moyen d'impoſer l'induſtrie, il eſt abſolument néceſſaire d'y avoir recours, & qu'on l'a toujours fait, pour impoſer à la capitation les non propriétaires. Mais en même tems il faut éviter tous les inconvé-niens qu'entraîne, preſque néceſſairement après lui, l'arbitraire individuel. Pour cela, voici ce que je propoſe :

L'Aſſemblée nationale a déjà décrété que , dans les villes dont la population eſt au-deſſus de 4000 ames, les aſſemblées primaires ſe formeroient par ſection, que dans les villes depuis 4000 juſqu'à 8000, il y auroit deux ſections , &c. Pour former les rôles d'impoſitions , que l'Aſſemblée nationale ordonne que ces ſections ſe diviſent encore en deux, trois, quatre portions égales, mais toujours par quartier ou arron-diſſement ; & qu'alors, les citoyens s'impoſent eux-mêmes, en raiſon de la fortune qu'ils ſe connoîtront respectivement, & au dixieme des revenus industriels seulement, puisque les propriétaires doivent être imposés particuliérement dans les lieux où sont situées leurs propriétés, & qu'il seroit injuste de faire payer les propriétaires dans deux endroits différens, en raison de la totalité de leur fortune. Ces parties de sections nommeront ensuite le dixieme de ceux qui doivent les composer, pour former une assemblée générale sectionnaire dans laquelle les opérations de chaque partie de section seront vérifiées, où l'on entendra les plaintes de ceux qui en auroient à faire, & sur lesquelles on statuera provisoirement; ces assemblées nommeront encore le dixieme de ceux qui les composeront, pour se réunir au conseil général de la Commune, & statuer définitivement sur le tout. Avec de pareilles précautions, je pense que l'arbitraire deviendra infiniment peu dangereux.

Pour remplacer les octrois des villes, & fournir à toutes les dépenses de la Commune; cette derniere assemblée qui connoîtra parfaitement le résultat de l'imposition industrielle, & qui pourra se faire rendre compte des impositions territoriales de tous les habitans, ordonnera la levée d'un, deux, trois ou quatre sous pour livre sur toutes les impositions, soit foncieres, soit industrielles, & dans quelques endroits que les propriétés soient situées; puisque le citoyen ne pourra jamais être sujet à cette imposition, que dans le lieu de son domicile.

Je reviens à mon plan d'impofition :

On compte, en France, environ vingt-quatre millions d'habitans (1); je fuppofe que toutes les familles, les unes dans les autres, font compofées de
fix perfonnes. Je comprends, au nombre des familles,
tous les célibataires (2) de l'un ou de l'autre fexe :
on peut donc être affuré qu'il y a en France au moins
quatre millions de familles ou de contribuables. Cette
combinaifon eft d'après l'Affemblée nationale, qui

---

(1) Une perfonne qui travaille depuis long-tems au
Contrôle général, m'a affuré que fuivant les nouveaux
apperçus, la population de la France fe montoit à environ vingt-huit millions d'habitans.

(2) Pour rétablir l'empire des mœurs, il feroit à
defirer que l'Affemblée nationale décrétât que l'homme
célibataire, agé de 31 ans, paieroit, outre l'impofition
commune, une portion quelconque de fon revenu,
foit territorial, foit induftriel, comme le fixieme, le
huitieme ou le dixieme, dont une moitié feroit ap-
pliquée aux Hôpitaux des enfans trouvés, l'autre dif-
tribuée aux pauvres filles vertueufes qui n'auroient pas
trouvé à fe marier. A Sparte, les célibataires étoient
tous les ans fouettés par les femmes, aux pieds de la
ftatue de Junon, & exclus de tous les emplois civils
& militaires. Et qu'on n'invoque pas, en leur faveur,
la liberté : je répondrai qu'elle ne confifte pas dans la
prefque néceffité de devenir libertin, & de violer les
loix de la Nature.

eſtime le nombre des citoyens actifs, au ſixieme de la population.

Il eſt de fait, que les fortunes ſont en raiſon inverſe du nombre des individus, qu'il y a beaucoup plus de gens peu fortunés, qu'il n'y en a de riches ; on peut donc partager ces quatre millions de familles en cent parties, formant une progreſſion arithmétique de cent termes dont la différence ſera de cinq cent. Le plus petit terme ou le premier, ſera de quinze mille deux cent cinquante, & le plus grand ſera de ſoixante quatre mille ſept cent cinquante ; de tous ces termes, on en formera dix claſſes qui feront auſſi en progreſſion arithmétique, & dont la différence ſera de cinquante mille : ainſi la différence de la claſſe la plus riche à la moins fortunée, ſera de quatre cent cinquante mille. Dans la premiere claſſe, on diminuera à chaque terme, ſur le taux de l'impoſition, cent vingt-huit livres ; dans la ſeconde, ſoixante-quatre livres : dans la troiſieme, trente-deux livres, & ainſi de ſuite en progreſſion géométrique, & de cinq ſols dans la derniere.

En eſtimant, dans la premiere claſſe, les impoſitions au dixieme (3) du revenu, ſoit territorial, ſoit

______

(3) L'homme qui n'a que le ſtrict néceſſaire, ne doit abſolument rien ; pas même d'impôts indirects, ce qui eſt une autre démonſtration de leur injuſtice ; cet abſolu néceſſaire eſt à-peu-près le même pour tous les hommes :

induftriel, foit de l'un & de l'autre ; pour être dans cette

on ne doit donc être impofé qu'à raifon du fuperflu. A
ne confidérer que ce néceffaire prefcrit par la nature, &
l'évaluant, par exemple, à 200 liv. ; fi celui qui a
1000 liv. de rente étoit impofé à 24 liv., celui qui
auroit 2000 liv. de rente, ne devroit pas être impofé
fimplement à 48 liv., mais à 54. Celui qui jouiroit
de 3000 liv. de rente, ne devroit pas fimplement
payer 72 liv., mais 84 ; & ainfi de fuite, en raifon
de l'excédent de fa fortune fur le néceffaire abfolu.
Mais il y a une feconde efpece de néceffaire, & qui,
par fa nature, tient de bien près au néceffaire abfolu ; c'eft celui qui vient de la maniere dont on a été
élevé. Enfin, il y a une troifieme efpece de néceffaire,
que l'on appelle de convenance, & c'eft celui qui naît
de l'état ou de l'emploi que l'on exerce dans la fociété.
C'eft de la difficulté de combiner ces trois efpeces de
néceffaire, que vient celle d'évaluer le fuperflu de chaque
particulier ; cependant, je croirois affez volontiers que
l'on approcheroit affez près de l'exacte équité, en fta-
tuant que jufqu'à 400 l., on ne paieroit qu'un pour 100 ;
de 4 à 800 liv., deux pour 100 ; de 800 à 1100 liv.,
trois pour 100 ; de 1100 à 1600 liv., quatre pour
100 ; de 1600 à 2000 liv., cinq pour 100 ; de 2000
à 5000 liv., fix pour cent ; de 5000 à 8000 liv.,
fept pour cent ; de 8000 à 11000 liv., huit pour cent ;
de 11000 à 14000 liv., neuf pour cent ; & de 14000
liv. à l'indéfini, dix pour cent ; en obfervant les gra-
duations d'un dixieme pour chaque terme ; j'en don-
nerai le tableau, s'il eft néceffaire ; mais l'affiette de
cet impôt feroit très-difficile.

premiere claſſe, il ne faudroit avoir de revenu que 14080 liv., à 25600 liv. : la ſomme de toutes ces impoſitions, telle qu'on la voit dans le tableau ci-joint, eſt de huit cent ſoixante-dix-neuf millions, huit cent trente-neuf mille, cinq cent ſoixante-deux livres dix ſous.

Si l'on objectoit qu'il n'y a pas en France cent ſoixante quinze mille familles, qui jouiſſent de 14080 liv. de rente, à 25600 ; en ſuppoſant la vérité de cette objection, je répondrai 1.° : qu'il y a beaucoup de particuliers qui ſont conſidérablement plus riches, & qui étant impoſés au dixieme de leurs revenus, donneroient un excédent ſur le plus haut taux, qui compenſeroit, & au-delà, ce qu'il pourroit y avoir d'erreur dans le nombre des contribuables de cette premiere claſſe.

Je dis en ſecond lieu : qu'en diminuant le premier terme, même de plus des quatre cinquiemes, & ne le portant qu'à 2875, au lieu de 15250, changeant la proportion, en conſervant toujours le même nombre de contribuables, le total de l'impôt monteroit encore à cinq cent vingt-quatre millions, trois cent trente-ſix mille, quatre cent vingt-ſix liv. cinq ſous, ſomme plus que ſuffiſante, nos dettes payées.

Je dis enfin : que quand même il n'y auroit aucune famille riche de 14080 liv. à 25600 liv. de rente, & qu'ainſi il faudroit retrancher toute la pre-

travail. D'ailleurs, n'eſt-il pas indécent, que l'Etat ou le Gouvernement ſoit regardé & payé, comme le poſtillon commun de tous les particuliers. Mais dans l'ancien régime, rien de ce qui pouvoit procurer de l'argent, n'étoit indécent. Cependant l'Etat doit veiller, avec la plus grande exactitude, à ce qu'un travail, d'une auſſi grande importance pour le bonheur & la tranquillité des citoyens, ſe faſſe avec la plus inviolable fidélité.

Comme le produit des lettres peut varier beaucoup d'une année à l'autre, le port pourroit en être taxé un peu au-deſſus de la valeur intrinſeque du travail : mais dans le cas où il y auroit du bénéfice, il devroit être verſé dans une caiſſe de bienfaiſance, ainſi que celui provenant des lotteries, ſi l'Aſſemblée nationale jugeoit qu'il fût à propos de les conſerver. Car s'il y a beaucoup de bonnes raiſons morales pour les détruire, il pourroit y avoir auſſi de très-bonnes raiſons politiques pour ne le pas faire.

Il ne doit plus y avoir, ni papier timbré, ni droit ſur les contrôles, ni centieme denier, ni inſinuation, ni les quatre deniers pour livre des meubles que l'on fait vendre par criée. C'eſt la preuve la plus convainquante, que ce n'eſt pas le génie qui a préſidé à la formation d'un ſiſtême, lorſqu'on voit qu'on y emploie beaucoup de moyens pour faire ce qui pouvoit s'opérer par un ſeul. D'ailleurs, n'eſt-il pas

affreux, que l'Etat exige des droits sur un malheureux, dont on vend les meubles pour l'acquittement
de ses dettes ?

L'imposition de chaque particulier seroit divisée en
douze parties égales, il est plus facile de payer une
somme quelconque en douze paiemens égaux, que
de le faire en un seul, & le Rôle d'imposition seroit
divisé en quatorze cases ; la premiere contiendroit le
nom du contribuable ; les douze suivantes, la portion payable par chaque mois ; & la quatorzieme,
l'imposition totale. Tous les mois, chaque citoyen
seroit tenu de payer la douzieme partie de son imposition ; & s'il y manquoit, il y seroit contraint
de la maniere qui seroit indiquée par l'Assemblée
nationale.

Les Receveurs particuliers seroient tenus d'afficher
chaque mois, le nom & le taux de l'imposition, du
mois, de ceux qui seroient en retard ; ils en donneroient le double au Receveur du district, qui ne
pourroit jamais exiger d'eux, plus qu'ils n'auroient
reçu ; mais qui, tous les trois mois, pourroient les
forcer en recette de tous les retards, à moins qu'ils
ne justifiassent qu'ils auroient fait toutes les diligences
prescrites par la loi. Il en seroit de même des Receveurs des Districts, envers ceux de Départemens,
& de ceux-ci envers le Trésor national.

Dans les premiers huit jours de chaque mois,
chaque

chaque Receveur particulier compteroit au Receveur du District : la seconde huitaine chaque Receveur de District compteroit au Receveur du Département ; & dans la troisieme ou quatrieme semaine, suivant la distance des lieux , chaque Receveur de Département verseroit au trésor national ce qu'il auroit reçu, prélévement fait de toutes les sommes nécessaires à la dépense de chaque Département , au paiement des Troupes de ligne qui y seront en garnison & des Maréchaussées, à l'entretien , réparation & reconstruction de tous les édifices publics & autres ouvrages à la charge de la Nation ; prélévement, pareillement fait , des sommes qui doivent être payées aux Administrateurs, aux Ministres du culte public, aux Juges des Districts & Juges de paix, & généralement à tous les Créanciers ou Pensionnaires de l'Etat, domiciliés dans chaque Département : le tout conformément au tableau qui sera envoyé par les directoires des Départemens, vérifié & approuvé par le Corps législatif.

Si quelque malheur, ou imprévu, ou inévitable, demandoit de prompts secours, le Corps législatif qui connoîtra parfaitement le résultat de l'imposition totale, ordonnera qu'il soit levé tant de sous pour livre de l'imposition, ou annuelle, ou du semestre, ou du trimestre ; & le décret sera exécuté, sans qu'il soit besoin de faire de nouveaux rôles.

Au moyen de cette facilité d'imposer, & de la promptitude dans les recouvremens, tout impôt indirect seroit déclaré inconstitutionnel, comme capable de replonger nos finances dans un cahos d'obscurité, d'où naîtroient bientôt la dilapidation & le brigandage. Tout emprunt seroit de même déclaré inconstitutionnel, comme capable de précipiter l'Etat dans des malheurs semblables à ceux dont nous nous efforçons de sortir.

Si l'on admet ce plan d'imposition, avec les amendemens dont il est peut-être encore susceptible, j'ose le dire, avec toute l'assurance qui naît de l'intime persuasion, il n'y aura pas, sur la terre, un peuple plus heureux que le peuple françois; avec la plus belle, la plus sage constitution, qui rétablit l'homme dans toute sa dignité, qui rend aux ames toute leur énergie, qui donne au mérite & aux vertus tout l'encouragement possible, le François se verra encore le peuple du monde le moins chargé d'impôts.

Tableau d'un Impôt uniforme & unique.

Nomb. des Contribuables.	Taux de l'impofition.	Réfultat de l'impôt.
	Premiere Claffe.	
	à liv.	donnent
15250	2560	39040000
15750	2432	38304000
16250	2304	37440000
16750	2176	36448000
17250	2048	35328000
17750	1920	34080000
18250	1792	32704000
18750	1664	31200000
19250	1536	29568000
19750	1408	27808000
175000		341920000
	Seconde Claffe.	
20250	1280	25920000
20750	1216	25232000
21250	1152	24480000
21750	1088	23664000
22250	1024	22784000
22750	960	21840000
23250	896	20832000
23750	832	19760000
24250	768	18624000
24750	704	17424000
225000		220560000

Nombre des Contribuables.	Taux de l'impoſition.	Réſultat de l'impôt.
	Troiſieme Claſſe.	
	à liv.	donnent
25250	640	16160000
25750	608	15656000
26250	576	15120000
26750	544	14552000
27250	512	13952000
27750	480	13320000
28250	448	12656000
28750	416	11960000
29250	384	11232000
29750	352	10472000
275000		135080000
	Quatrieme Claſſe.	
30250	320	9680000
30750	304	9348000
31250	288	9000000
31750	272	8636000
32250	256	8256000
32750	240	7860000
33250	224	7448000
33750	208	7020000
34250	192	6576000
34750	176	6116000
325000		79940000

Nombre des Contribuables.	Taux de l'impofition.	Réfultat de l'impôt.
	Cinquieme Claſſe	
	à liv.	donnent
35250	160	5640000
35750	152	5434000
36250	144	5220000
36750	136	4998000
37250	128	4768000
37750	120	4530000
38250	112	4284000
38750	104	4030000
39250	96	3768000
39750	88	3498000
375000		46170000
	Sixieme Claſſe.	
40250	80	3220000
40750	76	3097000
41250	72	2970000
41750	68	2839000
42250	64	2704000
42750	60	2565000
43250	56	2422000
43750	52	2775000
44250	48	2124000
44750	44	1969000
425000		26685000

Nombre des Contribuables.	Taux de l'imposition.	Résultat de l'impôt.
	Septieme Classe.	
	à liv.	donnent
45250	40	1810000
45760	38	1738500
46250	36	1665000
46750	34	1589500
47250	32	1512000
47750	30	1432500
48250	28	1351000
48750	26	1267050
49250	24	1182000
49750	22	1094500
475000		14642500
	Huitieme Classe.	
50250	20	1005000
50750	19	964250
51250	18	922500
51750	17	879750
52250	16	836000
52750	15	791250
53250	14	745500
53750	13	698750
54250	12	651000
54750	11	602250
525000		8096250

Nombre des contribuables.	Taux de l'imposition.		Résultat de l'impôt	
	à liv.	fols	donnent	

Neuvieme Classe.

Nombre des contribuables.	liv.	fols	Résultat	
55250	12		552500	
55750	9	10	529625	
56250	9		506250	
56750	8	10	482375	
57250	8		458000	
57750	7	10	433125	
58250	7		407750	
58750	6	10	381875	
59250	6		355500	
59750	5	10	328625	
575000			4435625	

Dixieme Classe

Nombre des contribuables.	liv.	fols	Résultat	
60250	5		301250	
60750	4	15	288562	10
61250	4	10	275625	
61750	4	5	262437	10
62250	4		249000	
62750	3	15	233437	10
63250	3	10	221375	
63750	3	5	207187	10
64250	3		192750	
64750	2	15	178562	10
625000			2310187	10

RÉCAPITULATION.

Nombre des Contribuables.		Somme de l'impôt.	
Prem. Claſſe.	175000	341920000	
Sec. Claſſe.	225000	220560000	
Troi. Claſſe.	275000	135080000	
Quat. Claſſe.	325000	79 40000	
Cinq. Claſſe.	375000	46170000	
Six. Claſſe.	425000	26685000	
Sept. Claſſe.	475000	14642500	
Huit. Claſſe.	525000	8096250	
Neuv. Claſſe.	575000	4435625	
Dix. Claſſe.	625000	2310187	10
	4000000	879839562	10

Les Commiffaires fouffignés , nommés par délibération de la Société des Amis de la Conftitution , établie à Tours, & affiliée à celle des Jacobins à Paris, en date du 9 de ce mois, ont procédé à l'examen de ce Plan, le dix ; & après l'avoir mûrement pefé , & avoir difcuté en détail toutes les raifons fur lefquelles il eft appuyé , & les différens moyens qui y font propofés, ils l'ont approuvé ; & en conféquence, font d'avis de l'impreffion & de l'envoi, tant à l'Affemblée nationale, qu'à la Société des Amis de la Conftitution, féante aux Jacobins, & à toutes celles du Royaume qui lui font affiliées. A Tours, le 10 Octobre, l'an fecond de la reftauration de la Liberté françoife.

DE SAINT - HILAIRE ; BEGU ; C. LHEURE; FOURNIER - LEBRUN.

Imprimé par Délibération de la Société des Amis de la Conftitution , établie à Tours , en date du 13 Octobre , l'an fçcond de la Reftauration de la Liberté Françoife.

P. L. Athanafe VEAU , Préfident ; DESLANDES , Secrétaire.

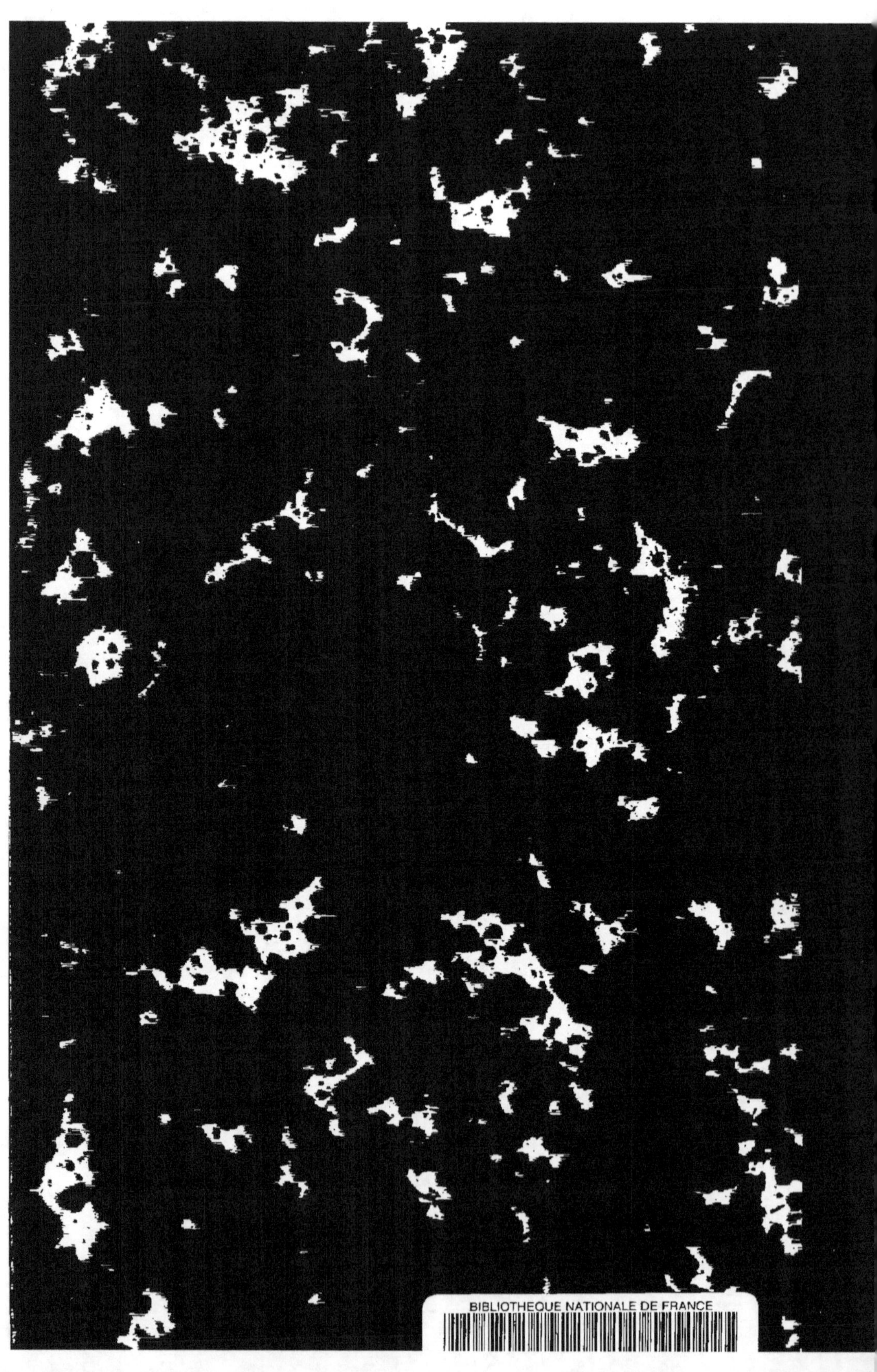